中国摄影艺术年鉴

CHINA PHOTO ALMANAC

2014卷

主编：高健生

国际文化出版公司

·北 京·

封面：神山下的精灵／摄影：徐伟浩

冈仁波齐神山下悠闲的藏野羊

目 录

前 言 \高健生

记得曾经读过一篇文章，题目叫做《拿破仑的旧皮鞋》，作者在法国参观有关拿破仑的展览时，面对他曾经穿过的一只皮鞋，感叹生命的无常和人生的短暂，生命之于时间，无论贵贱，都熬不过一只皮鞋。

近日微信中又传来一双梵高画的破皮鞋，评论者极尽调侃之能事，搬来各种艺术评论大家的思想，从不同流派、不同学科的各种角度予以评论，玄妙高深，云山雾罩，把一双破鞋吹得神乎其神，给予了艺术上能够给予的最高评价，看后结论就是：艺术评论毫无底线。面对梵高这样的超级大师，真是穷尽华辞丽藻，也写不尽心中的无限崇拜和敬仰，如果梵高在世，听到这些，也要羞得再把另一只耳朵割去。

面对这三只破鞋，倒能引出一番关于图片的历史、社会和艺术价值的联想。

《中国摄影艺术年鉴》历经九载，收录图片无数，但真正有价值的还需要时间去沉淀。辑录之初，价值标准在于编委，他们的文化积淀、生活历练、艺术倾向、题材好恶等等内在因素，决定了稿件的取舍，一旦成书，盖棺论定，几家之言，便是历史。至于在时间的洗淘中，哪些能够具有历史、社会和艺术意义，则要由后来的研究者，根据通行的艺术标准和当时的社会标准、艺术流行趋势予以论定，河西河东各领风骚三十年。如同拿破仑选鞋之时，可能考虑的只是皇帝的身份和征战的实用，但现今的意义却在于它曾踏过俄罗斯的积雪，并且上面沾有滑铁卢的鲜血，血红雪白，这只破鞋已是历史的象征，是一代英雄的化身，至于它的工艺特点和时尚价值，已经显得微乎其微了。若干年前，看过一部电影《拿破仑在奥斯特里茨战役》，一夜激战，天空破晓，法军大获全胜，负责记录皇帝言行的书记官请拿破仑给这次战役的文字记录起个名字，拿破仑平静地说："奥斯特里茨的太阳"，不卑不亢。朗日当空，时间作证，伟人懂得这个真理。

至于梵高，生时潦倒，死后辉煌。潦倒时无人问津，一双破鞋就是一双破鞋，辉煌时破鞋也同步升天，不知哪位富豪已把它高悬于华丽的大堂，破鞋熠熠生辉，它是财富的象征，可是品位在哪里呢？梵高的艺术地位是《星夜》《向日葵》《夜间咖啡馆》，绝不是这双破鞋，但后世在评价他时，破鞋也被摆上了咖啡馆的桌面和向日葵一起在星夜中闪烁。

三只皮鞋，各有千秋，历史的归历史，艺术的归艺术。然而，对于它们的存在，不同的时代有不同的解读，不同的人群有不同的态度，图片亦然。

本卷在封底刊有朱宪民先生1996年的作品《"廉"下的民》，这并不是人们所熟知的代表作，但在今天读来，也许可以成为代表作之一，时代使然。

《中国摄影艺术年鉴》的意义也在于此，如同那三只破鞋。

秋天的禅意／摄影：高占祥

黄山不老松/摄影：吕厚民

移动互联时代的反差/摄影：朱宪民

China
unicom中国联通
宽带加手机
惊喜实惠家欢乐
家精彩

JOTUN

船厂一瞥／摄影：王玉文

中华魂 黄河龙/摄影：王 悦

远眺圣湖玛旁雍措的吉乌寺老喇嘛/摄影：高健生

珠穆朗玛峰的绚烂晚霞／摄影：徐伟浩

云蒸霞蔚／摄影：席世宏

黄河壶口瀑布/摄影：徐　波

南极主人/摄影：倪益瑾　2014年11月，南极半月岛。1亿2千万只企鹅是这片净土圣地的主人，不管人类怎样进入南极，这里始终是企鹅的家园。

南极冰雪风云/摄影：倪益瑾　　2014年11月，南极迈克逊湾。踏上南极洲，满目的积雪、冰山、冰川。变幻莫测的景观让人难以忘怀。

南极浮冰/摄影：倪益瑾　　2014年11月，南极库佛维尔岛。开春后南极海面上的浮冰，发出幽幽的蓝光，蓝的神秘、蓝的深邃、蓝的使人浮想联翩。

雪域之光/摄影：邓喜平

远古幽情/摄影：冯凯文

内蒙古阿尔山不冻河畔。清晨的河畔，零下48℃，我们冒着寒风在黎明前走进河畔。岸边的大树在冰雪的裹挟中，仿佛远古时期林中穿行着恐龙，让人浮想联翩。浓雾把林间拉开了距离，影影绰绰、扑朔迷离。

浴雪雄风/摄影：冯凯文　内蒙古阿尔山不冻河畔。黄昏时分，在即将收工时，突然看到眼前的树林映在晚霞里，金光闪烁，一排排松树挺拔屹立，斜光勾出轮廓，彰显了人工绿化取得的成果。质感好，光影好，内容好，我立即拍摄了这幅作品。

冬日涛声/摄影：冯凯文　内蒙古阿尔山白狼峰顶。寒风凛冽，零下40℃。雪原上投下灰色的树影，仿佛是大海的波浪，滚滚涛声由画外而来。

旋转/摄影：王华涛

乃钦康桑冰川／摄影：刘晓军

神山圣湖／摄影：刘晓军

大漠胡杨/摄影：王汉冰　　新疆巴音郭楞蒙古自治州尉犁县塔克拉玛干沙漠中一个湖泊中的胡杨及其倒影。

畅游博斯腾湖／摄影：王汉冰

新疆巴音郭楞蒙古自治州博湖县博斯腾湖。

天山石林／摄影：王汉冰

新疆巴音郭楞蒙古自治州和静县巴音布鲁克

神山圣湖/摄影：高健生　远方，纳木那尼神女峰隔着圣湖玛旁雍措和鬼湖拉昂措与曾经的爱人冈仁波齐神山深情相望。

坝上的早晨/摄影：侯希智

雾凇/摄影：侯希智

万马奔腾/摄影：侯希智

冬季白哈巴/摄影：徐　波

白哈巴村被称为西北第一村，位于新疆阿勒泰地区哈巴河县铁热克提乡境内，坐落于中国与哈萨克斯坦接壤的边境线上，白哈巴村被誉为中国最美的八个小村之一，这里居住的图瓦人有着独特的服饰、宗教崇拜及风俗习惯。

黄山松/摄影：李　刚

峭壁上屹立挺拔的雪松，在斜阳照耀下熠熠生辉，让人感叹生命之顽强。

黄山雪/摄影：李　刚

冬季黄山的摄影作品，多以云起雪涌为主体，我仅以局部的比较抽象的松石表现之。

六月天山雪/摄影：李　刚

新疆伊犁州乔尔玛。这里六月还纷纷扬扬下起大雪，浓淡粗细的墨线勾勒出天山。

太行雪/摄影：李　刚

河南省和山西省交界的西井山。雪后的群山环绕中的小山村，此地山高路滑，仅一条村级公路上下，苍凉孤寂。

阳光与荒原的诱惑/摄影：张延红

避暑山庄七十二景之一望源亭/摄影：张晏华

雪映白塔／摄影：李文敏

雪霁／摄影：晨 阳

黄山雄姿／摄影：曹明科

西藏林芝地区的雪山草甸／摄影：毕战平

北极雾虹／摄影：周长琰

冰川惊鸿／摄影：周长琰

慕士塔格峰/摄影：唐　力

塔什库尔干草甸/摄影：唐　力

坝上仙境/摄影：高德澍

夏特空中草原/摄影：邓士平

鸣沙山驼队/摄影：王建国

踏雪归途／摄影：丁丕青　　甘肃省合作市佐盖多玛乡

万马奔腾／摄影：吕学海

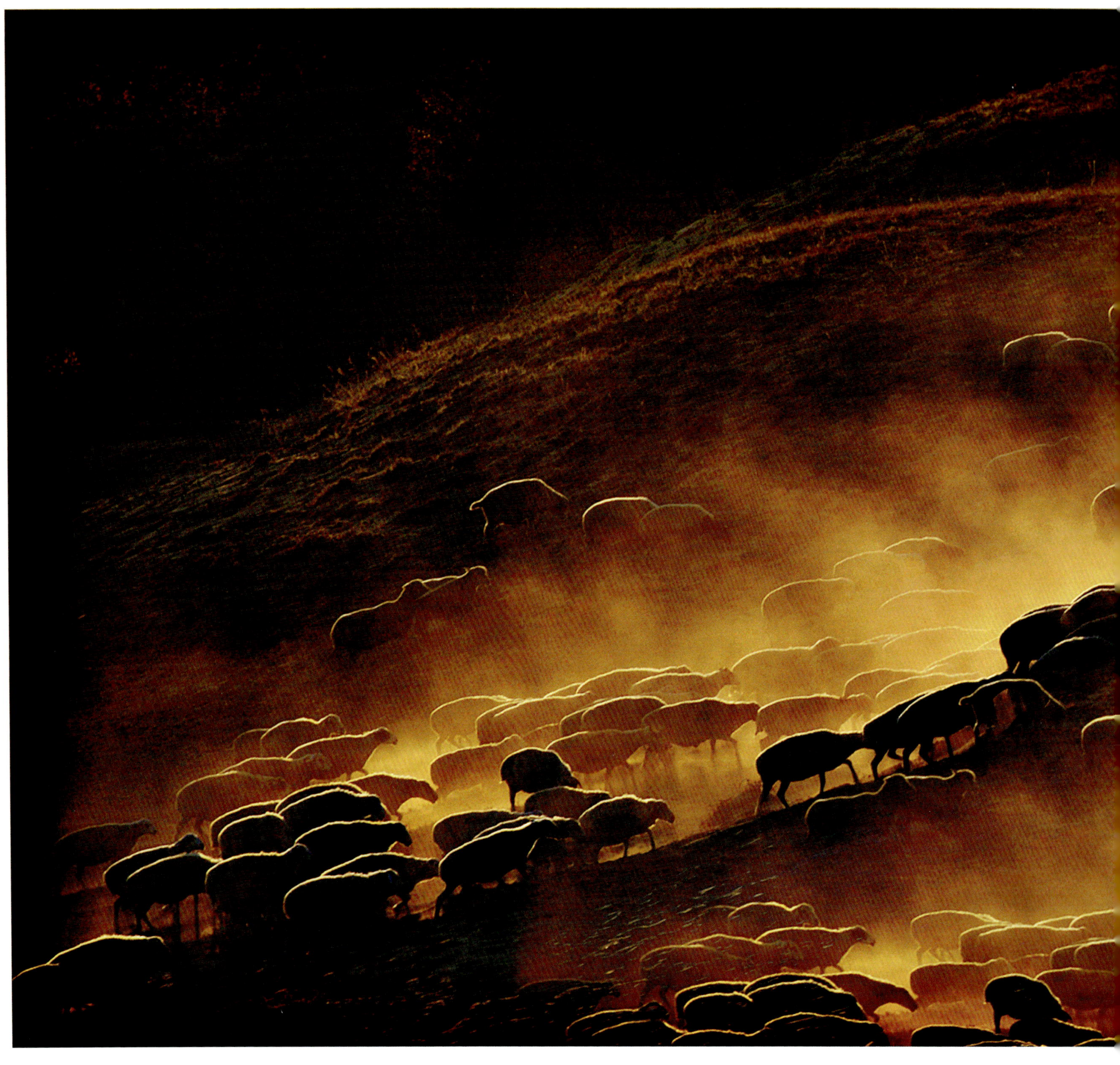

暮归／摄影：吕学海

四季——如歌的行板/摄影：吕学海

牧途/摄影：刘红华

内蒙古克什克腾

撒满珍珠的山坡/摄影：刘慧琳

天上草原／摄影：龚文基

丹巴中路藏寨晨曦／摄影：刘正联

一望无际／摄影：魏向东

青海省100万亩油菜花

伊春四季／摄影：谭景涛

长城晚秋／摄影：熊江彬

路／摄影：尹素媛

秋意正浓/摄影：尹树高

晨雾水韵皆秋色/摄影：于学军　黑龙江伊春。晨光中，绰约的白桦、升腾的雾气、斑斓的叶子，它们的倒影在清澈的河水中交相辉映，有种独特的风韵。

雾罩金秋/摄影：邓士平

雪柳玉树/摄影：郭立秋　每到冬季的早晨，伊春市库尔滨河谷两岸都挂满雾凇，登高望去，奇松佩玉，怪石披银，草木晶莹，如童话世界一样美丽。

坝上冬韵/摄影：徐宝亮 乌兰布统坝上的冬季是冰雪的王国，童话般的世界。蛤蟆坝是坝上拍摄的最佳地点之一，这里银装素裹，白雪皑皑，如洗尽铅华一般，纯洁自然。无限的林海雪原，洁白的雪浪，散落的牛群、羊群，牧村的篱笆……素美的境界，好似一幅素描。

蜀山秋水图／摄影：李光映

黑河畅想曲/摄影：脱兴福

黑河，发源于祁连山北麓中段。它是巍巍祁连飘逸灵动的蓝丝带，是河西走廊滋养万物的大命脉，更是张掖和额济纳两大绿洲生生不息的母亲河。

大悟红叶醉夕阳/摄影：黄本培

大悟县地处鄂东北，是全国著名的革命老区和将军县，著名的『乌桕之乡』。改革开放以来，大悟县发生了翻天覆地的变化，昔日的穷乡僻壤现已成美丽山乡，旅游胜地。

神圣/摄影：杨宪生

桃花依旧笑春风/摄影：许新宇

云龙太极／摄影：史继东

云南省大理白族自治州的云龙县

奇特地貌／摄影：劳荣基

独特的张掖地质构造形成不同色彩砂岩层叠，绵延起伏，蔚为壮观。

神农谷云海／摄影：范海英

家园／摄影：高金刚

晚秋／摄影：汪晓峰

北京延庆县白河水库，晚秋的色彩宛如一幅油画。

在那桃花盛开的地方／摄影：庞大成 每年的五月上旬位于中朝边界的丹东宽甸县河口村的万亩桃花竞相开放，歌曲《在那桃花盛开的地方》就是当年的词作家邬大为、魏宝贵在河口采风时被漫山遍野的桃花所感而写的。

奎屯河大峡谷/摄影：薛　杰

祁连雪山/摄影：薛　杰

天山初雪/摄影：文学林

远眺雪山/摄影：张丽华

跋涉／摄影：陶　惠

巴音布鲁克开都河／摄影：孙建伟

禅境——月之系列／摄影：陶绪斌

禅境——月之系列／摄影：陶绪斌

万佛山晨曲／摄影：杨惠光

湖南省通道县

泼彩黄山／摄影：许宗馨

刚柔相济／摄影：邱昌宪

水之云／摄影：邱昌宪

金马腾瑞／摄影：王孝贵

蓝色节奏／摄影：王孝贵

康定秋色／摄影：李帮学

幻觉金山／摄影：王素芹

流动的云／摄影：李宝龙

山魂／摄影：黄永巍

雾凇岛／摄影：王　静

张家界云海／摄影：李志信

九洲寒冬春拍岸 南涧樱花冬日放/摄影：李一波

在全国大多地方处于隆冬季节时，每年十一月中下旬至十二月中旬云南大理南涧县无量山蛇腰菁华庆茶厂的茶山几千株冬樱花竞相开放，千株冬樱万垅茶， 举头樱红，回首茶绿， 袅袅晨雾里， 一树樱花细雨中。南涧无量山樱花谷——春天最早到达的地方！

鹭鸟家园红树林/摄影：宋伟斌

广东省惠东县境内红树林，属湿地类型的自然保护区，保护区总面积为8000亩。每当黄昏时分，红树林上空上万只鹭鸟盘旋飞舞，场面蔚为壮观。每年夏秋季节，在红树林出入的鹭鸟约有三万多只，鹭鸟甚至飞入村民家中与家禽共食饲料，与村民和谐相处。

冰雪画屏/摄影：陈　智

冰雪牛背山/摄影：吕世宏　　四川西部荥经县境内的牛背山，对摄影人来说，仍然是个充满神秘而艰辛之地。2014年11月11日午后，我们从冷绩镇乘越野车上牛背山，其山路之险之难超乎想像。当车行至距山顶尚有四分之一路程时，顿见一片银色世界，满山是冰雪和雾凇，在阳光下熠熠生辉，让我们亲身感受牛背山之魅力和磅礴大气！

哈尼梯田／摄影：朱惠振

一场大雪，使得云南元阳的梯田出现了少有的美景，梯田蜿蜒的田埂，宛如条条洁白的哈达，镜子般结冰的水面倒影着蓝色的天空。如诗如画的美景，令人心旷神怡、流连忘返。

长城霞意／摄影：任　龙

秋田/摄影：罗跃华

大地图画/摄影：蔡凌鹄

田园秋色／摄影：毛尧泉

去内蒙古采风，沿途满是美丽秋色。行进中，抬头看到几朵白云被艳阳照得七彩斑斓，与秋日麦田相映成一幅美丽的田园风光图。

一弯天路明幻间/摄影：皇甫晓岚

赏雪寻意境/摄影：黄贵朋

晨光折射在山峰险峻而又直立陡峭的石缝上，被阳光溶化了的雪形成烟雾，峭壁间遒劲挺立的黄山松衬托出的光影形成妙趣天成的画境。

史迪威公路24道拐/摄影：张琴生　史迪威公路是中国军队在1944年为抗日战争从中国昆明到印度雷多修的一条公路，1945年1月25日正式通车。这条公路在枪林弹雨的抗日战争中运送了5万多吨急需物资，被称为“抗日生命线”。该公路用美国将军史迪威的名字命名，以纪念在他指挥下的盟军部队和中国军队在缅甸战役中及修路过程中做出的卓越贡献。此照是该公路经贵州晴隆县境内的24道拐。

太行峡谷/摄影：王光宏

坝上晨曦／摄影：李　明

最美草川铺／摄影：杨景泰

甘肃省清水县

乡村小景/摄影：邹大宁

无锡鼋头渚/摄影：季建龙

小城水韵/摄影：周厚庆　山东莱西市城区月湖公园与洙河水韵。

今日农村/摄影：饶庆平

晨雾锁回乡／摄影：沙 峰

江山多娇／摄影：郑 翔

禾木晨曦/摄影：郑学学

前进的方向／摄影：岳国明 浙江台州温岭城南镇担屿塘。航标是航行安全的保障，在海上航行要正确把握方向，才能顺利到达彼岸。

海之晨／摄影：张荫鳌 辽宁瓦房店驼山乡海滨。朝阳照耀在远处的『排石』上，近处一对海鸟站在礁石上，静谧的海岛迎来了新的一天。

云映卡莎湖／摄影：周　迅

雾锁新安江／摄影：王文祥

每到夏天，当地气温在37℃以上，而新安江水电站大坝上的千岛湖水库的水温在20℃以下，江水从100多米高的大坝冲下时，冲起高高的水花，升腾起大雾，锁住整条江面。

扑入风的怀抱/摄影：陆正旭 生命是一种展开和丰富，透过相机取景器，看茫茫的大山、无垠的沙漠和叮咚的流水都近在咫尺，却因为大画幅相机特有的原因，上下左右都是颠倒的，因此也有了一些超现实的意味：境由心生，心生则境成，境界为上而终归于心。

交错/摄影：平 民

新都桥/摄影：孙　毅

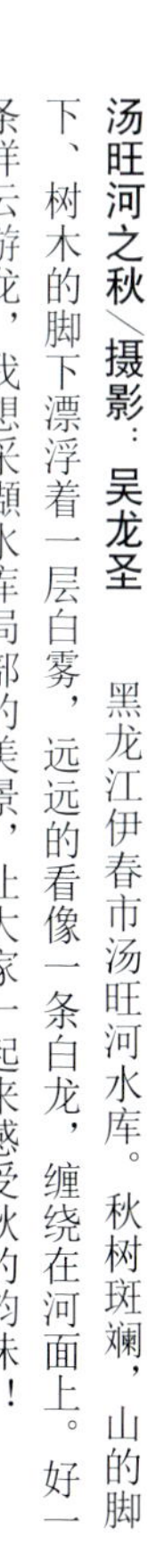

汤旺河之秋/摄影：吴龙圣

黑龙江伊春市汤旺河水库。秋树斑斓，山的脚下、树木的脚下漂浮着一层白雾，远远的看像一条白龙，缠绕在河面上。好一条祥云游龙，我想采撷水库局部的美景，让大家一起来感受秋的韵味！

沐浴夕阳／摄影：辛明原

黄金海岸／摄影：杜艳英

宁静的梦／摄影：周真红

海上一渔船正停在那里小憩，没有哒哒的马达声，不急着去捕捞收获，远处的塔和平静的海面有如那梦的风向标与宁静的内心。

伏季休渔／摄影：高兴建

山东日照沿海进入休渔期，渔港内停满了休渔的船。我国从1995年开始实行伏季休渔制度至今已连续20年，这为缓解过多渔船和过大捕捞强度对渔业资源造成的巨大压力，遏制海洋渔业资源衰退势头，增加主要经济鱼类的资源量，起到了重要的作用。

晨／摄影：刘志广

戈壁新丝路　风电场生辉／摄影：刘祥飞　进入新疆达坂城百里风区，茫茫戈壁，寸草难生！风卷沙石，遮天蔽日！如此恶劣环境之中，那蜿蜒于大漠之中的古丝路，早已被高速公路所取代，百里风区，风电林立，已成为新丝路上靓丽的风景线。

天地间/摄影：徐 祥

惊涛拍岸/摄影：王聚海

劲松/摄影：王正明

晨雾/摄影：许学平

水墨长白／摄影：宋晓枫

喜看东风第一枝／摄影：张治军

辉煌雍和宫/摄影：阿·巴德夫

2014年11月APEC会议在北京召开，根据要求。三环以内各个景点夜晚必须打开“景观灯”。11月11日是开灯最后一天，天空透明度极佳。白天我就找好一个“够高”的拍摄点，日落前便上去蹲守，当晚拍下这组照片。

翠湖湿地/摄影：刘培恩

香山云海/摄影：刘培恩

琼楼玉宇/摄影：刘培恩

郁金芳香/摄影：刘培恩

北京APEC峰会主会场——日出东方酒店/摄影：高德澍

城市舞台/摄影：罗 旭

雾霾中的北京之晨／摄影：莫文铸 2014年10月5日6点29分。

沈阳的海市蜃楼／摄影：林 萧 2014年11月21日6点35分。

北京：APEC蓝／摄影：孟宪平

新鸭绿江大桥/摄影：庞大成

根据中朝两国政府的相关协定，2010年12月31日在鸭绿江大桥下游10公里处动工修建新鸭绿江大桥，按双向四车道标准投入施工。新桥计划于2014年10月30日开通，然而原本应该与中国承建的主桥同步完工的朝鲜方面引桥仍是一片黄色的田地，甚至连地基都没有开挖。在丹东当地贴吧里流传着一个说法：“这么好的新鸭绿江大桥，另外一头直插朝鲜的菜地里。”

朝天门大桥／摄影：柏建华

京城新桥／摄影：吴　寅

瑞雪颐和／摄影：王建清　　冰封故园，忽然一派瑞雪润古都；清醒尘世，犹有万象更新在前头。洗净腐泥，催生绿色，颐和人民，梦圆中国。

天上的蘑菇／摄影：詹贵华

岁月的痕迹／摄影：翟小勇

岁月流逝，不变的是历史。

历史风云／摄影：翟小勇

清东陵历史的建筑，见证了劳动人民的勤劳与智慧，见证了历史的辉煌与沧桑。

走进太和殿／摄影：薛荣广

深圳洪湖湿地／摄影：李长兴

洪湖湿地位于深圳市中心，是深圳建立最早、面积最大的人工湿地。已成为市中心集防洪、生态、景观和休闲于一体的环境综合体。

暮色/摄影：郭景光

幻城/摄影：裴　烨

未来之城／摄影：姚闻斌

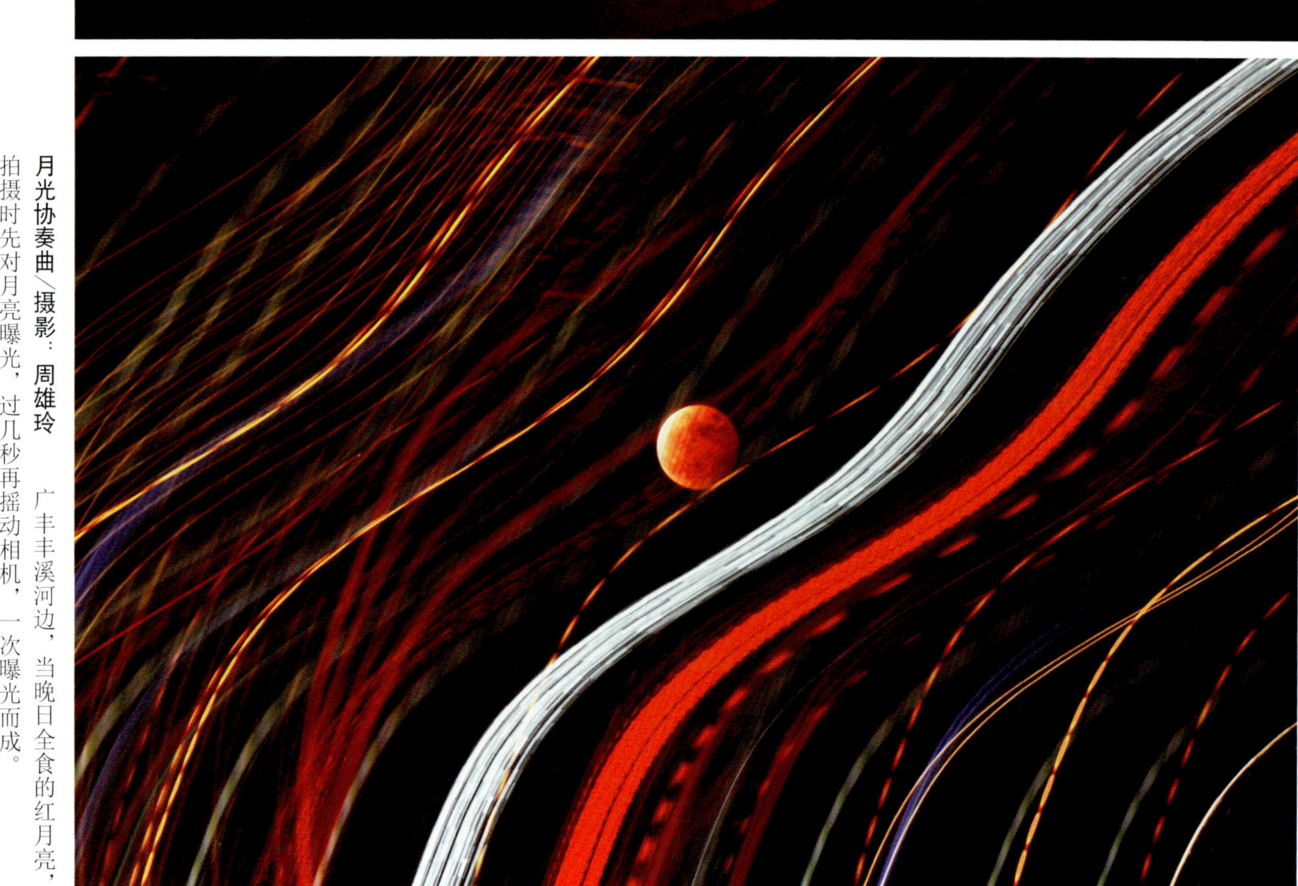

月光协奏曲／摄影：周雄玲　广丰丰溪河边，当晚日全食的红月亮，拍摄时先对月亮曝光，过几秒再摇动相机，一次曝光而成。

天上宫殿——布达拉宫/摄影：李春华

红月亮/摄影：王正才

2014年10月8日，南京市汤山小镇。6个红月亮采用多重曝光功能，随着月亮的亮度变化，不断调整相机的色温值，始终保持月亮为红色。

嘉峪关/摄影：李勇俊

绿洲/摄影：李勇俊

红外滤色镜中的广州市沙面/摄影：周乐君

红外摄影与传统的黑白摄影有很大的差异，红外线反射量较多的部分，如树叶或小草等绿色部分显示出一种独特的白色，而红外线反射量较少的部分，如蓝天和水面等会呈现为黑色。红外黑白照片因其独特的色彩对比，呈现出凝重、庄严的艺术效果。

中山水榭/摄影：李亚平　　北京中山公园。大雪后中山公园的迎晖亭和听雨廊静静伫立。我用9张接片并用复古色调来表达迎辉听雪的静谧和优雅，配以唐王李世民诗《喜雪》，以表达意境。

印记圆明园/摄影：张富华

徽州印象/摄影：张胜利

雨后古城

晒秋

古村之晨

冬韵

山村印象／摄影：许嘉炯

风雪柳桥／摄影：赵晓鸣

颐和园西堤

烟雨瘦西湖／摄影：张在峰

云水间/摄影：张　震

颐和园西堤仿西湖苏堤而建，沿堤遍植桃柳，被称为北国江南。春来柳绿桃红，微风习习，云卷云舒，柳枝轻拂，平静的水面上倒映着岸上的景物，正应了范仲淹的名句『至若春和景明，波澜不惊，上下天光，一碧万顷』。

颐和园西堤/摄影：赵富荣

上善若水/摄影：孙建华

千手观音／摄影：程玉杨

1.8m×1.2m彩色相纸直接曝光

黑石城玛尼堆/摄影：阮　光　　四川省雅江县的高尔寺山

红石滩/摄影：阮　光

红石滩/摄影：阮　光

高原图腾／摄影：孙建华

洛阳龙门石窟奉先寺/摄影：关建华

五百罗汉朝天图/摄影：韩春来　山西五台山南台

仰望/摄影：魏正武

色达喇荣寺五明佛学院/摄影：张宏伟

神山星辰／摄影：图登华旦

仙湖神韵／摄影：图登华旦

突击/摄影：王　熙

空中彩色散弹枪/摄影：徐焱琛

2014年11月15号　珠海航展　6架飞机聚首分开的那一刹那，就好比散弹枪开枪一样，划出一道道绚丽的彩带无比漂亮。

越阳飞行／摄影：李　林

腾越万里云涛／摄影：费瑞涛

彩云之上/摄影：刘　洪

霞映航程　2014年2月4日傍晚，云南昆明长水机场，夕阳西下，天气晴朗，天空中飞机来来往往，一架飞机在天上拉出一道白线。天空彩霞南现，远处一架高空飞行客机，拉着长长的烟雾与刚起飞的飞机在空中相遇。

日月映衬　2014年8月8日傍晚，云南昆明长水机场，天空上飞机起起降降，穿梭不断，一轮明月升起在东方。一条云带显现出弯转条状，与月亮构成一幅日月同辉的图片，我等待一架飞机起飞拍下了这张照片。

日晕相伴 2014年10月27日上午8点多钟，天高云淡。在去云南昆明长水机场路上，天空中出现很难见到的日晕，因距机场不远，不时有飞机起飞，我找好位置，让日晕处在图片中间，远处有一处烟雾映入画面，不一会儿，一架起飞的民航客机飞过日晕。

穿越云霄 2014年9月9日傍晚，云南昆明长水机场，天空的云，龙卷风一样十分壮观，飞机从它一侧穿越。

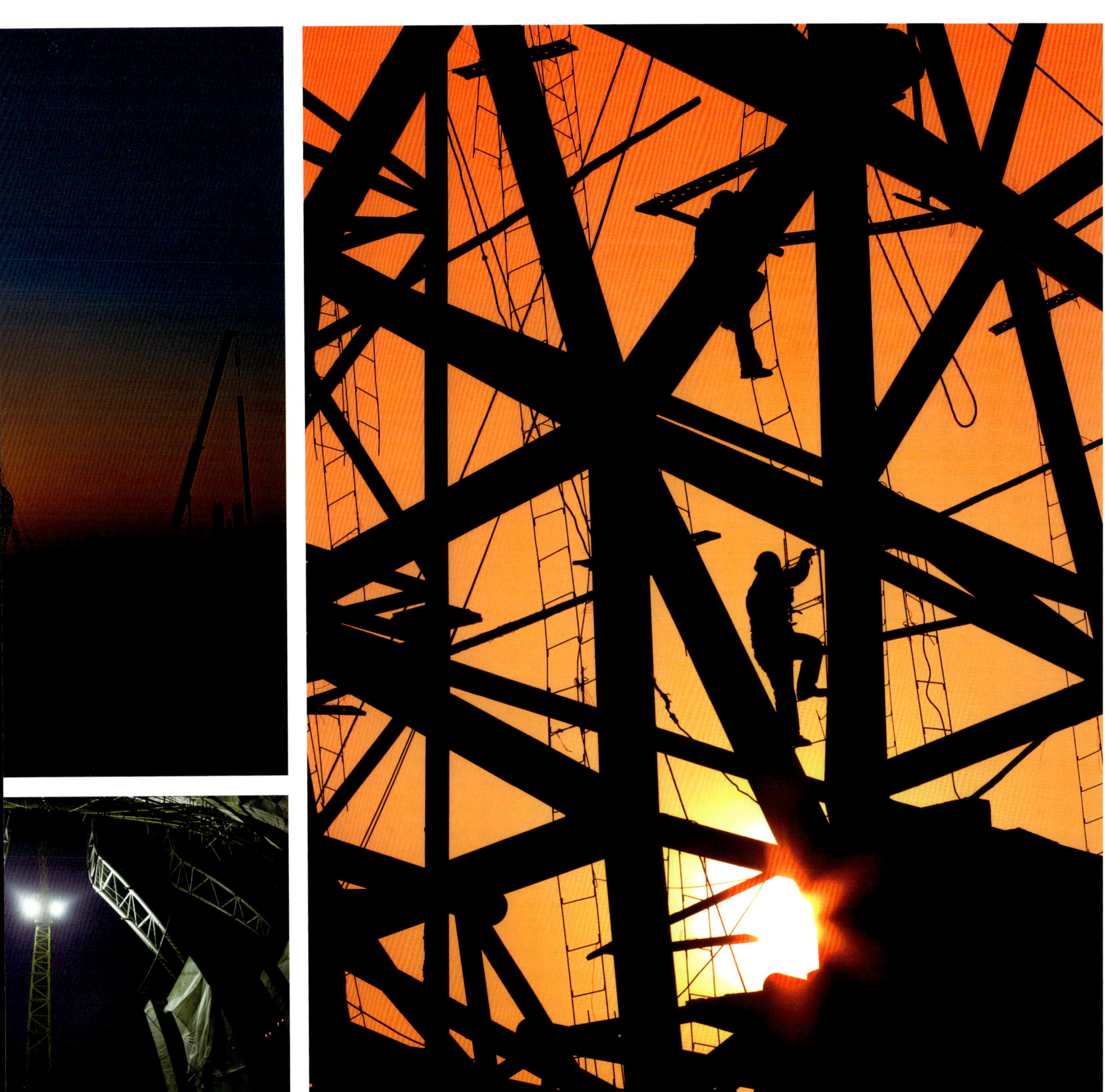

旋律/摄影：王雁翔 沸腾的工地上，线与线的交融，静与动的结合，构成了工业摄影的符号，奏响了工业摄影的旋律，彰显了工业摄影的魅力。

老火车/摄影：黄小森

化工夜色/摄影：王国新

大寒\摄影：于起胜

油田霞歌／摄影：阎怀庚

石油梦／摄影：王留义

时空隧道／摄影：罗　兴

抽油机年年月月、日日夜夜伴随着时空不停地抽取地下石油。

龙湾／摄影：阮　嵘

甘肃景泰

冰花随想／摄影：张子杰

日光渐浓草牧丰

飞雪迎春兆丰年

半山阴雨半山晴

晨夜寒窗月初晓

茶禅一味／摄影：袁立山

九天银河／摄影：陈唯宁

晨起，阳光映在蜿蜒曲折的河流上，空中缕缕白云下面，是一条金灿灿的九曲十八弯。

风中蓝夜/摄影:庞维新

回眸/摄影：侯智宽　　内蒙古锡林郭勒灰腾河

龙马精神／摄影：廖西平

彪悍的马群，在牧马人的追逐下飞奔过河，顿时间马踏飞浪，水花四溅！好一派龙马精神的真实写照！

踏雪／摄影：侯智宽

内蒙古锡林郭勒灰腾河

梦幻草原／摄影：赵立军

内蒙古呼伦贝尔草原

骏马图／摄影：吴晓华

明天将远行／摄影：任永发

沙漠之舟／摄影：魏　刚

信步/摄影：王建清

天高地阔，犹如信步闲庭；厚德载道，方能驰骋神州。

奔/摄影：臧继辉

冬韵/摄影：林浩然

内蒙坝上的冬季，大雪将地面覆盖成银白色的世界，只见牲畜围栏与枯木干草交织、雁鸟飞绝、羊群牧归，大自然正用最原始的黑白线条谱出坝上的冬韵，一幅绝美的铅笔画作浑然天成。

吉祥/摄影：李　忠

翔/摄影：刘胜冬

捕鱼／摄影：李殿霄

分享／摄影：李殿霄

花鸟图／摄影：束兰根

和谐／摄影：蒋永贵

凌波微步/摄影：郑学学

雪野漫步/摄影：郑学学

翠鸟/摄影：田景玉

红嘴蓝鹊/摄影：田景玉

欢歌起舞／摄影：张炳功

牧鸭图／摄影：张治军

沙湖鸟岛／摄影：张治军

白鹭／摄影：韩绍文

乌林鸮／摄影：韩绍文

疣鼻天鹅/摄影：韩绍文

欢快渔港/摄影：喻星源

舞者/

瞬间/摄影：吴惠平

雁鹅情/摄影：康树杰

收获/摄影：雷佳民　冠鱼狗在河里捕捉到一条泥鳅的瞬间。

哺育/摄影：雷佳民　一只绶带鸟正在哺育幼鸟。

跃上飞瀑／摄影：周爱丽

在水一方／摄影：周爱丽

争/摄影：罗　旭　　北戴河湿地

海鸥/摄影：苗建国

塘黄苇鳽／摄影：王树萍

戴胜鸟／摄影：王树萍

一枝独秀／摄影：王　维

哺育／摄影：王　维

槟榔花开时／摄影：黎克平

春天的呼唤/摄影：白立武

越冬的天鹅／摄影：胡金喜

2014年12月14日。河南三门峡水库由于环境的改善，吸引了5000余只白天鹅在此栖息越冬。

鸟语花香/摄影：王 蕾

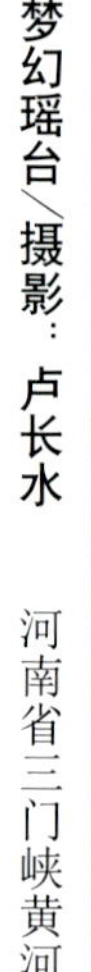

梦幻瑶台/摄影：卢长水

河南省三门峡黄河湿地。

如画/摄影：肖 博

芦荡飞羽/摄影：肖社会

智斗／摄影：胡　鹏

虎头海雕——夺食/摄影：胡 鹏

争斗／摄影：景 滔

荷塘雀舞／摄影：韩捷清

独占／摄影：周振宇

争鸣／摄影：李振建

白鹤/摄影：吕　绪

起飞/摄影：苏海杰

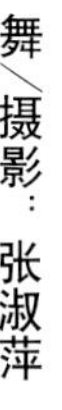

舞／摄影：张淑萍

徽风／摄影：李　鹏

迎风踏浪／摄影：杨家发

冰原精灵／摄影：刘长德

另一极家园／摄影：刘　征

草原精灵\摄影：董英歌

草原精灵\摄影：董英歌

北极熊/摄影：蔡国强

北极熊是自然界最凶狠的野兽之一，北极熊体重可达900千克。北极熊经常栖息于北极的海冰上，过着水陆两栖的生活，北极熊为食肉性动物，主食海豹、鸟卵、幼海象、各种海生动物以及搁浅的鲸的腐肉等。我在北极斯瓦尔巴群岛拍到了罕见的一群北极熊正在争食一头已死亡鲸鱼腐肉的珍贵场面。

金丝猴/摄影：王励

滇金丝猴／摄影：侯恒泉

合影／摄影：邱太建

残荷四叹/摄影：苗新苗

唯见盈香空细瘦/摄影：陈明月

依依梦中点荷香／摄影：陈明月

掀起你的盖头来／摄影：倪　敏

春明花寂寞／摄影：杨懿华

荷恋／摄影：吴会荣

反衬/摄影：范海英

花与影／摄影：王天国

荷塘轻雾／摄影：李宗印

一尘不染／摄影：高玉峰

莲/摄影：嵇松扬

水草心怡/摄影：朱艺文

静静水面，有青青水草相依；水草心怡地舞弄身影，把喜悦留在水面上，增添了一份韵味，呈现了一道风景。

醉夕阳/摄影：钱为军

落日凝香/摄影：陈松禄

待放的玉莲／摄影：陈　器

迷香／摄影：王克民

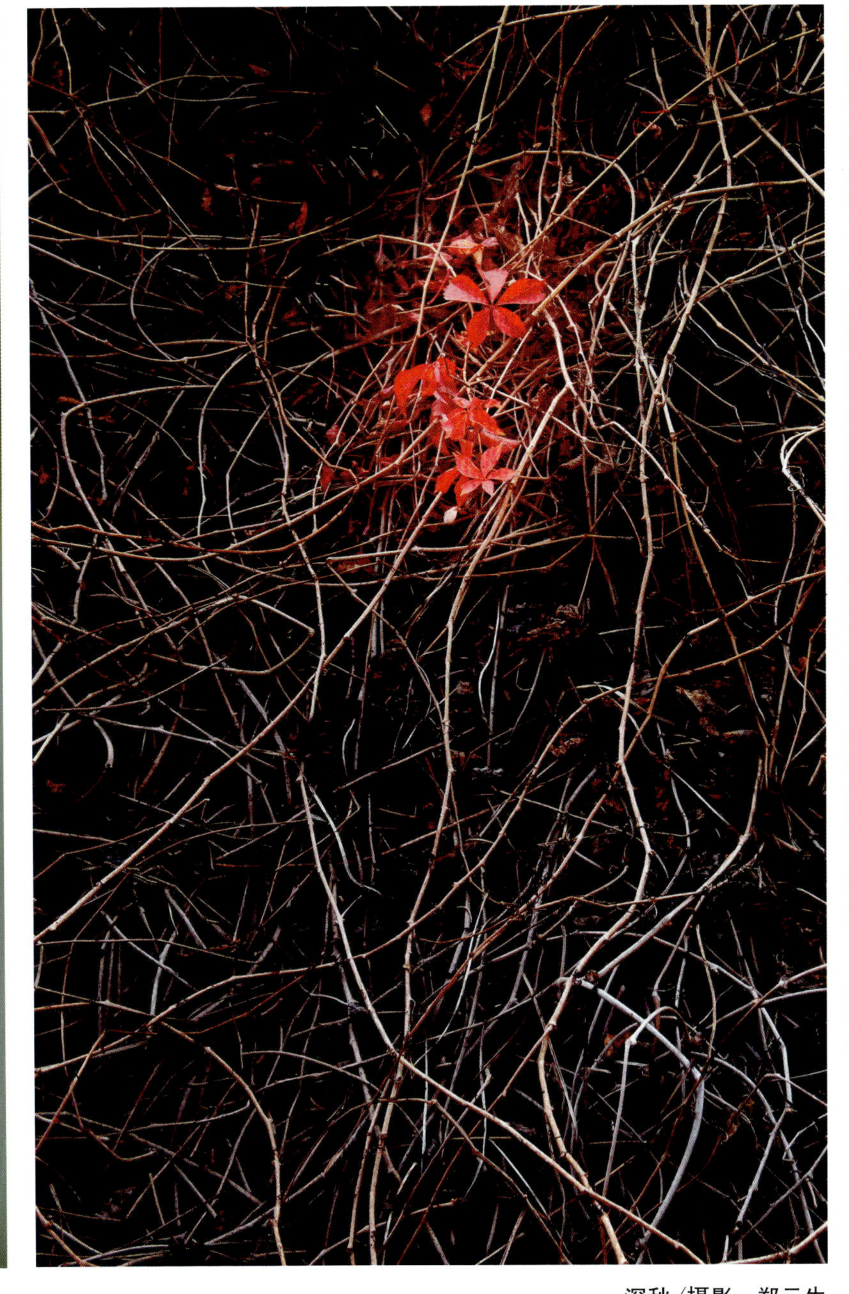
深秋/摄影：郑云生

金荷/摄影：刘传葵

梦中的月季花／摄影：宋渭涛

暗香浮动／摄影：阎宁捷

荷包牡丹/摄影：赵 杰

花魂/摄影：朱 尧

回望千年/摄影：李建军

暖流／摄影：钟德伟

伊人湖／摄影：倪 敏

画意／摄影：高 放

墨梅图／摄影：唐建祥

杏花怒放／摄影：梁冠山 素有郑州后花园美誉的河南省新密市尖山风景区，30万株杏花竞相开放，满山遍野成了花的海洋，到处蜂蝶飞舞、喜鹊喳喳、游客如织，风景十分怡人。

感受世间寒暑，人生冷暖，岁月无痕，心中有爱

一图胜千言，道义在肩

中国摄影艺术年鉴

贰零壹肆卷

铁汉柔情/摄影：王金祥　“无情未必真豪杰，怜子如何不丈夫”，2013年12月，中国第一次派出作战部队170名官兵赴非洲马里参加联合国国际维和行动，沈阳军区某部连长王洋向妻子陈虹和尚未出生的婴儿告别。

为世界和平而战/摄影：王金祥　中国第一支参加联合国赴非洲马里国际维和行动的作战部队

COFFE

演兵场上——手机记录实兵演习/摄影：线云强 2014年10月，东北科尔沁大草原野战演兵场上铁流滚滚，战机轰鸣，炮火连天。在这同样的时空中，在这浪漫情怀梦想膨胀的年龄里，在人们享受着和平环境带来无限美好的此时此刻，战友们承受着纪律的约束和近乎残酷的超越生理极限的挑战。近似实战的环境、战场愈发复杂的条件，对军事摄影记者的拍摄要求越来越高，难度也越来越大。手机摄影在这突发多变的复杂战场环境中使用，更快捷、更隐蔽、更准确。我使用手机上的Hipstamatic软件，零距离记录下今日演兵场上战友们的点滴瞬间，以此展现我军官兵围绕强军目标进行军事斗争准备的风采。

军人的背影／摄影：田志伟

拼搏／摄影：田志伟

星移斗转岿然不动／摄影：韩玉平

日日夜夜守卫边疆／摄影：韩玉平

铁原／摄影：孙智刚

矿山年轮／摄影：王国军

筑路人／摄影：于沈光

雾锁船厂/摄影：史　春

辛劳/摄影：史　春

早班/摄影：田　萍

工业结构／摄影：曹　刚

消失的煤泥场／摄影：赵有银

铸造车间/摄影：谢北克

炉火正红/摄影：翁笑华

构成／摄影：袁永杰

钢花四溅／摄影：周永海

矿工兄弟／摄影：孙光辉

向往／摄影：仲　华

远去的辉煌——首钢拆迁/摄影：吕海丽

精雕细琢/摄影：李芯怡

非物质遗产的传承/摄影：李京瑞 景泰蓝已成为国家级非物质文化遗产，其做工精美，工艺复杂细腻，程序繁多，且全部由手工制作。瓶胎上的花纹都是用细小的铜丝粘制而成，北京珐琅厂的工艺美术师们用他们美丽的心灵和灵巧的双手传承着景泰蓝文化。

建筑工地上的农民工\李春龙

国旗下/摄影：陈　炜

进城/摄影：崔 奇

酣畅/摄影：杨东辉

在路上，离梦想还有多远？/摄影：孟延军

领
先
服务热线
0536-7872031
地 址
昌邑市河东工业园

福田好公民 身边星榜样

自由，不是看你离家多远
而是看你
改变 尽在和4G
离梦想多近
4G网络已覆盖北京城区/乡镇 | 套餐每月最高2.5G流量 | 购机最高直降1000元

夫妻打桩工／摄影：方玲莉

新农村改造，在浙江省永康市黄城里村，活跃着这么一群以夫妻结对的基建打桩工，他们来自贵州苗族。一对夫妻一个桩，丈夫在井下挖土，戏说自己是“蛙”井人，挖井人坐井不观天挖地洞，妻子在地面上把挖出来的泥石吊上来。这种建基孔桩直径大约一米，深可达八九米。他们为了孩子的教育和家中父母，只要条件允许一天都会工作10个小时以上，住所非常的简陋，找几根钢管、木棒搭起房子样的雏形，在上面盖上一块雨布，边上挂上塑料布这就是他们的家。到了中饭时间他们会煮上一大锅的猪肉青菜加辣椒的汤，拌着大碗的白米饭，幸福地一起吃饭，他们苦着累着并快乐着。夫妻打桩工只是城乡建设中的一个图景，他们就像蚂蚁搬家一样不知疲倦地工作着，在极度恶劣的环境中生活着，一个工地干完了，他们又转到新工地，但是他们辛勤的汗水，为高楼大厦筑就了结实的基柱，为中国的城乡建设铸就了辉煌。

一个棚内住着来自贵州省4对夫妻，这就是他们的家。

井下的工作，闷热而又潮湿，要下井了，李洪荣穿上雨衣雨裤，系上自己专做的屁股垫，为了防潮。

他们的床相互之间紧挨着，一般挂上一层不透明布帘，只有里面是他们最私密的空间。

妻子用辘轳把丈夫送到井底下，命悬一线，丈夫脚下是八九米深的洞井。

夜黑了，工棚墙上映着女人忙碌的身影。

家有喜讯传工地/摄影：涂成钢　江苏省电力建设第一工程公司常年在野外作业的电力建设工人当听到家乡传来：生了儿子的喜讯 那的动人的场景。

装卸海蜇/摄影：周荣生

眺望收获/摄影：周荣生

最后的渔汛/摄影：周　越　　立秋到，蛰讯来！一年一度的海蜇捕捞季节又到了。渔民们急不可耐地扑向这母亲般的大海，憧憬着又一个丰收。

渔工汉子／摄影：胡冰涛

种海带／摄影：胡冰涛

色达之魂/摄影：张　艳

苯日神山礼拜/摄影：

在西藏，有“羊年转湖，马年转山”的说法，所以每逢藏历马年的8月份，苯教信徒都会在苯日神山举行“马年大转经”。

苯日神山，位于西藏林芝地区行政公署所在地——八一镇东南侧雅鲁藏布江北岸，4615米高的苯日神山高耸入云，山上长满了树木花草，盛开的杜鹃五颜六色、千姿百态，为神山增添了一份亮丽的色彩；五彩缤纷的经幡使公路成为一条经幡之路，更显出山的神圣。苯日神山在苯教徒心里具有特殊地位，相传这里是苯教祖师顿巴•辛绕米沃切的修行地，也是苯教在藏东南部的传播点和扩散地。每年的藏历4月10日和15日，来自藏南、青海、四川一带的苯教徒都会邀约亲朋好友前来转山。

苯日神山礼拜全程约70余公里，转苯日神山一圈约五六十公里，步行要两天，磕长头转山要半个月左右。在转山过程中，信徒们以逆时针方向绕山行走，逆时针方向摇转玛尼经筒，口念“六字真言”，心中默默祈求家人健康、平安、吉祥。

在风光秀丽的蜿蜒公路上，转山朝圣的信徒们有男有女，有老有少，神情愉悦的相互说笑或歌唱，背负着大包，手拄着树棍步伐轻松地走着，有的信徒则用最虔诚的“三步一叩”的方式转山。在转山的途中，有的信徒沿途居住，围坐在火堆边生火煮饭，他们有的静静地诵经，有的相互交流彼此间的所思所想，孩童们在一旁嬉戏追逐，歌声飘荡在山谷中……

一生喜乐平安，不为今生，只修来世，一代接一代，前赴后继持续着，轮回永远不完。

藏族群像／摄影：陈张平

藏族群像／摄影：陈张平

修行/摄影：屈　琳　　四川甘孜县

祥和/摄影：阮洪森

构筑希望/摄影：马胜利 这里数不清的玛尼石，假如每块石头都有一个梦想，那就有千万个追求。在川西塔公的木雅大寺内，当地人背上一块块玛尼石和一袋袋的土，在一层一层堆砌着，据说这个玛尼石堆是在200多年前开始建造的，至今尚未停止。

祭神山/摄影：高勉之　　青海年保玉则

修学的觉姆/摄影：高景军　　“觉姆”是藏传佛教中对女修行者的称谓

祈祷平安／摄影：杨大红

云伴白山／摄影：雷 萌

高原红/摄影：殷观亮　这是一个美丽的藏族姑娘，由于常年生活中高原地区，紫外线的照射使姑娘的脸上形成了高原红。藏历年期间，盛装的姑娘在雪后背上具有民族特色的水桶来到湖边，那纯净透明的眸子震人心魄。

藏娃／摄影：赵含宁

初为人妇／摄影：魏　刚

甘南的女孩一旦嫁人就会镶一颗金牙，这是已婚的标志。

法会上的信众／摄影：张　杰

捡牛粪/摄影：秦 科

火焰山下／摄影：晨　燕

摸鱼勇士／摄影：赵扬名

『洗泥节』是瑶胞延续千年的传统节日。湖南江永县兰溪瑶族乡勾蓝瑶寨，每年春种结束，都要举办一次『洗泥节』。瑶胞们收拾犁耙，洗脚上岸，抓鱼赛，舞龙狮，拜门楼，耍棍拳，载歌载舞，祭拜『谷神』，祈求风调雨顺，国泰民安。

民间边贸/摄影：吕建鸣

随着我国经济的飞速发展，周边的邻国尼泊尔也搭上了顺风车，地处祖国边陲的西藏樟木口岸民间边贸异常活跃，中国的轻工业产品是尼泊尔人民的最爱。樟木口岸顶着大包的尼泊尔妇女。

春天的故事／摄影：范毅强

少林小子／摄影：邵爱国

慈母手中线/摄影：赵桂方

国事家事/摄影：方　磊

炸油香／摄影：高银月

童年／摄影：胡秀华

漂亮的新娘子在烫发

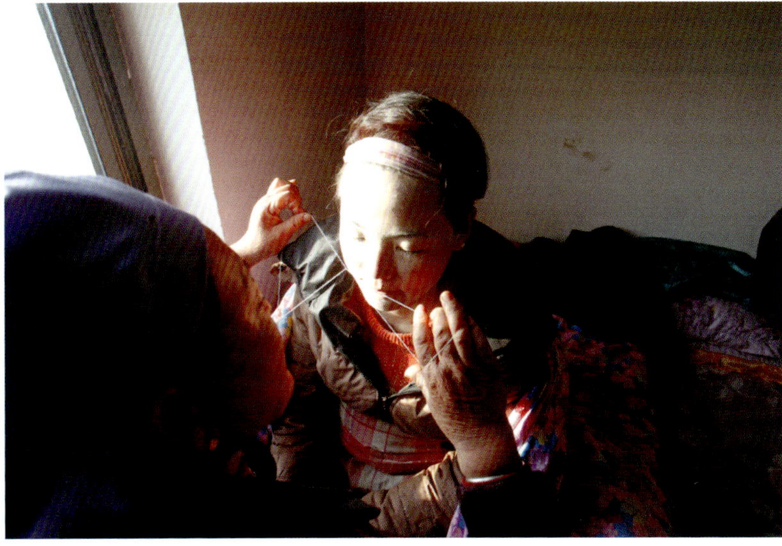

姑娘在出嫁前要用线绞去脸上的汗毛俗称“开脸”

新娘在新房里，娘家了陪在旁边

回族婚宴上有许多回族特色小吃

宁夏回族婚礼/摄影：张景璐

婚礼，是回族人一生中的一个大礼。回族老人常常把给儿子举行婚礼、完婚叫“卸担儿”，认为这是“终身大事”，是老人的责任。回族对婚礼特别重视和讲究，由于回族群众分布在全国各地，回族婚礼形式也多种多样。作者有幸参加了宁夏吴忠市同心县河西乡的一场回族婚礼。

新娘在出嫁前与家人合影留念

新娘子在出门前蒙上红纱盖头

接新娘的新郎

青春/摄影：奚咏梅

我的兄弟姐妹/摄影：凌　江

童年的甜蜜/摄影：朱跃中

青海湖畔

独龙江女汉子/摄影：刘正联

奕车之舞／摄影：李扬轩

奕车人，哈尼族支系，分布于红河县大羊街、河县大羊街、浪堤、车古三个乡。由于其历史迁徙的漫长演绎，奕车人民在与大自然长期的相处和碰撞中，创造了原始、神秘、辉煌的文化，它涵盖了哈尼族农耕、宗教、历法，民俗等，具有社会学、民俗学、伦理学的研究价值。

奕车姑娘节／摄影：裴晓芳

『仰阿娜』节又称『姑娘节』，『仰阿娜』是哈尼族支系奕车语，意思是姑娘小伙大家聚在一起休闲娱乐、谈情说爱、调理身心的日子。

一年一度的『仰阿娜』节在奕车人民的神山孟子轰都山举行，奕车姑娘穿着自己精心制作的民族服饰欢聚在神山上准备赶『姑娘街』。姑娘们的舞蹈跳起来了，她们颈上、腰间的美丽银饰随着舞步节律沙沙作响，紧身超短裤强调了奕车人的一句老话：『大腿是姑娘的美』。

父与子/摄影：万　毅　新疆塔克拉玛干地区。由于是逆光拍摄，我把它处理成黑白低调子，来凸显父与子不易生活中相互依靠的关系。

叼羊赛/摄影：万　毅

新疆阿勒泰禾木村。叼羊赛是哈萨克、柯尔克孜、塔古克、蒙古族的牧民擅长的一种马上运动。这幅作品记录的瞬间给人以强烈的视觉冲击，体现了牧民赛手的勇敢、激烈的竞技状态。

催马扬鞭／摄影：范德彪

骏马追风／摄影：李春来

雪域豪情/摄影：马广祥

牧羊图／摄影：邹立芬

冬日素描／摄影：韩栓柱

骏马奔腾/摄影：李 飞

转场/摄影：卞支埃

赛马／摄影：胡志林

叼羊比赛／摄影：梁振添

草原牧歌／摄影：秦亚民

赛马／摄影：秦亚民

大漠夕阳/摄影：孙福星

大漠驼铃/摄影：施凤太

牧羊人／摄影：张晓伟

牧羊人／摄影：张晓伟

冬牧／摄影：景力伟

长城人后裔／摄影：段学锋

套马手／摄影：李有泉

过河／摄影：王　强

驼影/摄影：徐　枫

落日生辉/摄影：祝英培

牧归/摄影：陈忠平

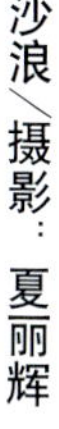

沙浪／摄影：夏丽辉

踏浪／摄影：吴　明

被罚出场的马布里/摄影：胡金喜　　2014年3月5日，CBA联赛北京队与青岛队的比赛中，伤愈复出的马布里被罚出场。

角逐/摄影：张金方

你争我夺/摄影：曹 炯

2014年全国七人制橄榄球系列积分赛阜阳站比赛

马上有风险／摄影：贾启东

绕桶／摄影：张耕畦

马术绕桶/摄影：张维克

由内蒙古自治区通辽市人民政府主办的草原那达慕是草原的盛会。一年一度的“哲里木盟赛马节”，已成为全国旅游节庆活动的品牌之一，在区内外已产生了广泛的影响。通过赛马节更能彰显出科尔沁民族文化的特色，进一步展现科尔沁人民奋发有为，一往无前的进取精神。

赛马节的主要竞赛项目有赛马，博克，射箭等传统竞技比赛项目。

赛马是蒙古族传统的竞技项目之一，这与内蒙古在历史发展长河中的征战，狩猎，游牧生活有着密切的关系。从13世纪初，赛马活动在蒙古各部落中广为流行。那时，每逢首领集会，庆功祝捷，祭旗，点将等，都要举办技艺高超，紧张激烈的赛马活动。此后，是否善骑成了衡量蒙古族男子本领高低的标志。

角度不同看法不同／摄影：乔启明 贵阳火车站。一头发染成金黄色的年轻人引起不少人的注目。普通年轻人投以欣赏、接纳的目光；而公安警察却投以一种质疑的目光。

一瞬间／摄影：庞维新

交往·交流/摄影：杨伟光

2014年11月，北京天坛祈年殿下。对比上个世纪80年代改革开放初期国人围观外国人的景象，今日，就连这么小的孩子也能在一起进行交流交往了。这是北京作为国际化大都市，向世界展现开放的时代印记。

冰钓/摄影：裴 烨

辽北农村小拜年／摄影：纪　元

辽宁昌图县东张家村

童年的欢乐／摄影：许怀祥

雾锁双营/摄影：李晨歌

渔歌唱晚/摄影：盛宪忠

乡土印象／摄影：姜新民

湖南省娄底市涟源市古扩山区。老屋门前，金色的玉米，欢跃的鸡群与安祥喜悦的妇人给我们展现出社会安定，人民安居乐业的美好图画。

黄土高坡上的婚礼／摄影：陈　飞

彼岸/摄影：牛 林

西安市曲江。

揠苗助长/摄影：尹利梅

望子成龙、望女成凤是每个家长的美好心愿。然而时下，不少人却把它当成了践行目标：各类枯燥的兴趣班、提高班，五花八门的辅导材料、反反复复的严苛训练等，让孩子小小年纪就承受着难以承载的重负。家长累，孩子更累。

旋转的小彩旗／摄影：赵升录

舞蹈艺术家杨丽萍的外甥女，14岁的小彩旗在舞剧《孔雀》中扮演『时间』的角色。在2014年央视春节晚会上，连续旋转4个多小时，成为令人惊叹的新星。

苗家号角／摄影：陈长安

湖南花垣县苗家寨

梦想的蓝色／摄影：蔡　斌

快乐的孩子，无忧无虑的玩耍，简单的童趣。

童舞／摄影：刘　琪

胶州秧歌《六月清河》/摄影：曹凤云

怀旧时光/摄影：陈　帅

海南的夏天晚上，中山路的老街坊们，在一小型的舞台边观看舞蹈演出，老建筑上的灯光把环境渲染成一幅旧上海的感觉。

农村留守儿童和老人/摄影：王　捧

姚安古镇／摄影：张有林

留守儿童的笑脸／摄影：高鹤云

2014年12月9日，我参加了江苏省文艺界『深入生活，扎根人民』主题实践活动摄影采风团，到江浦县采风。我们在希望小学，给一批留守儿童拍照，并当场打印装框，分送给每位同学。

遭奚落的『小公主』／摄影：周树山　重庆肖溪古镇

小镇的男孩们在废墟前扎堆群聚，外来的小姑娘欲融其间而遭冷遇。

亲情/摄影：张晓梅

攀登/摄影：张晓梅

火龙嘘花／摄影：杨惠光

广东梅州丰顺埔寨镇元宵舞火龙

丰顺埔寨舞火龙／摄影：温亿中

激情燃烧／摄影：盛仁昌

呼唤和平／摄影：唐　安

剪纸／摄影：黄忠坤

化妆／摄影：高连芹

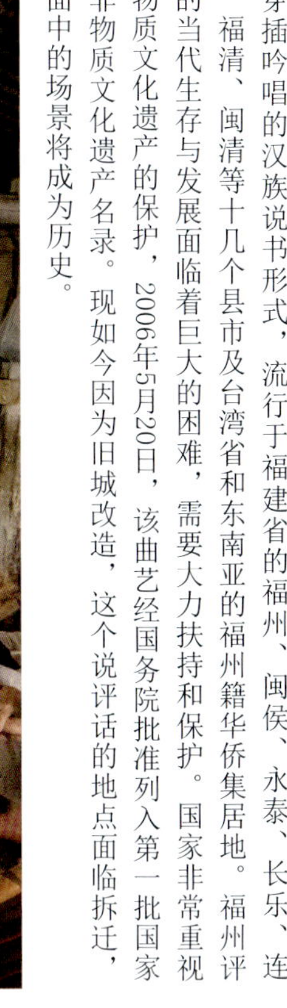

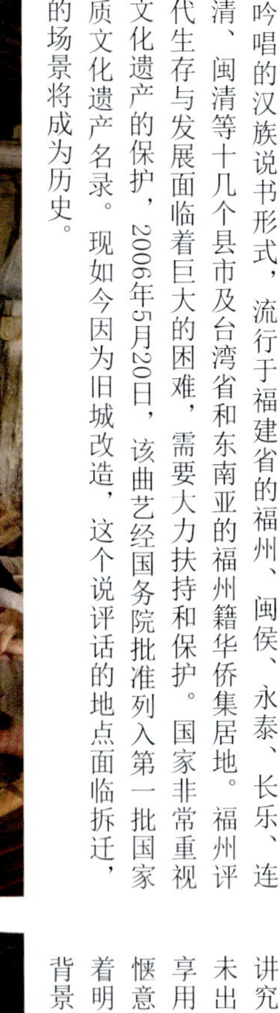

评话人生／摄影：陈向橙　福州评话是以福建省福州方音讲述并有徒歌体唱调穿插吟唱的汉族说书形式，流行于福建省的福州、闽侯、永泰、长乐、连江、福清、闽清等十几个县市及台湾省和东南亚的福州籍华侨集居地。福州评话的当代生存与发展面临着巨大的困难，需要大力扶持和保护。国家非常重视非物质文化遗产的保护，2006年5月20日，该曲艺经国务院批准列入第一批国家级非物质文化遗产名录。现如今因为旧城改造，这个说评话的地点面临拆迁，画面中的场景将成为历史。

壶说／摄影：戴翎　陕西关中。茶与壶相伴，茶是主角，壶为茶生。壶的讲究往往意味着茶的品味高低。美观的茶壶，配以玲珑精致的小茶碗，茶水未出，已是令人心怡了。这种昔日达官贵人、文人墨客的排场，今已被常人享用。而炭火、铜壶、三江水，大碗粗茶满堂香的市井场面，却让人亲近、惬意，别有一番情趣。一排排的铜壶，彰显着生意兴隆，述说着功夫，在身着明清服饰老者的说唱吆喝声中展示着曾经；在街面五星红旗和悦色人群的背景下，壶，在述说着昔日风情和今日祥和……

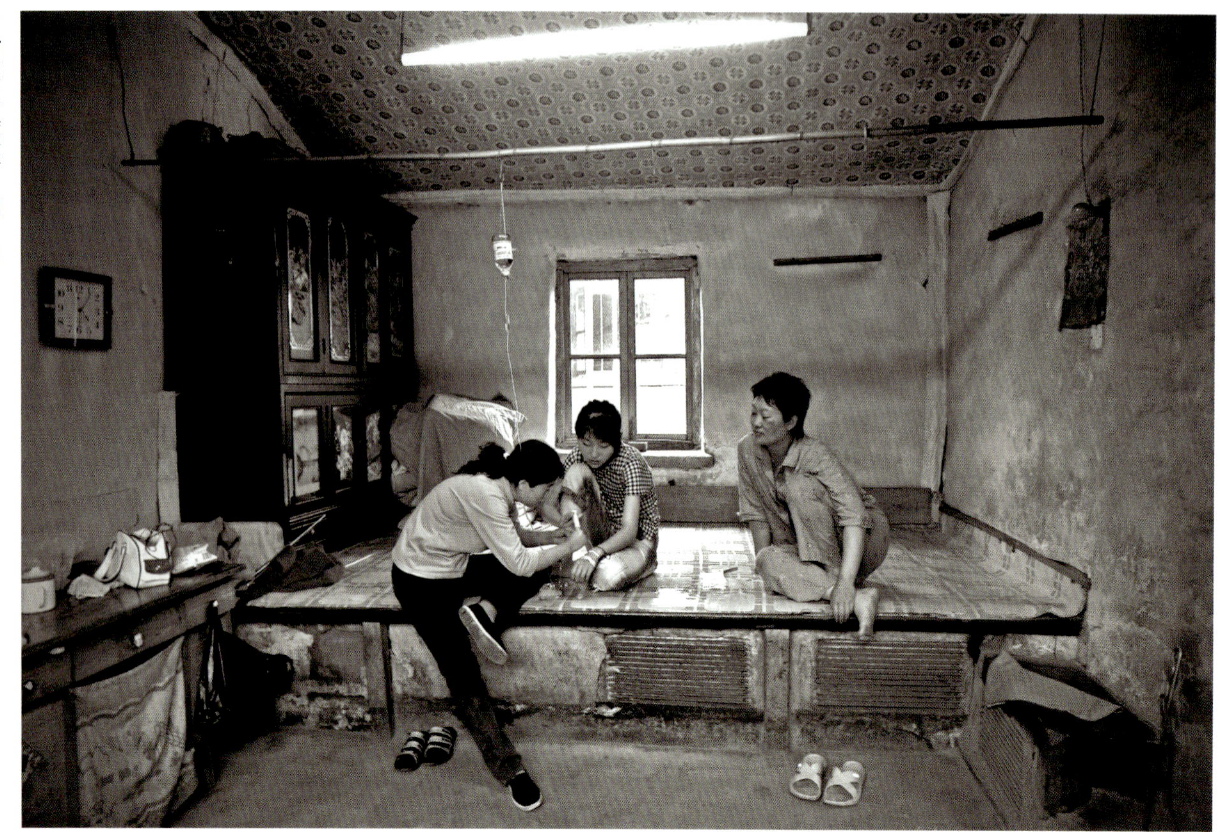

乡村医生/摄影：刘 勇

乡村医生，一个默默无闻奉献的工作；一个没日没夜辛苦的工作；一个青春无悔的工作，她们认真履行了医生的职责。尽量做到小病不出村，从根本上解决了广大村民看病难看病贵的问题。

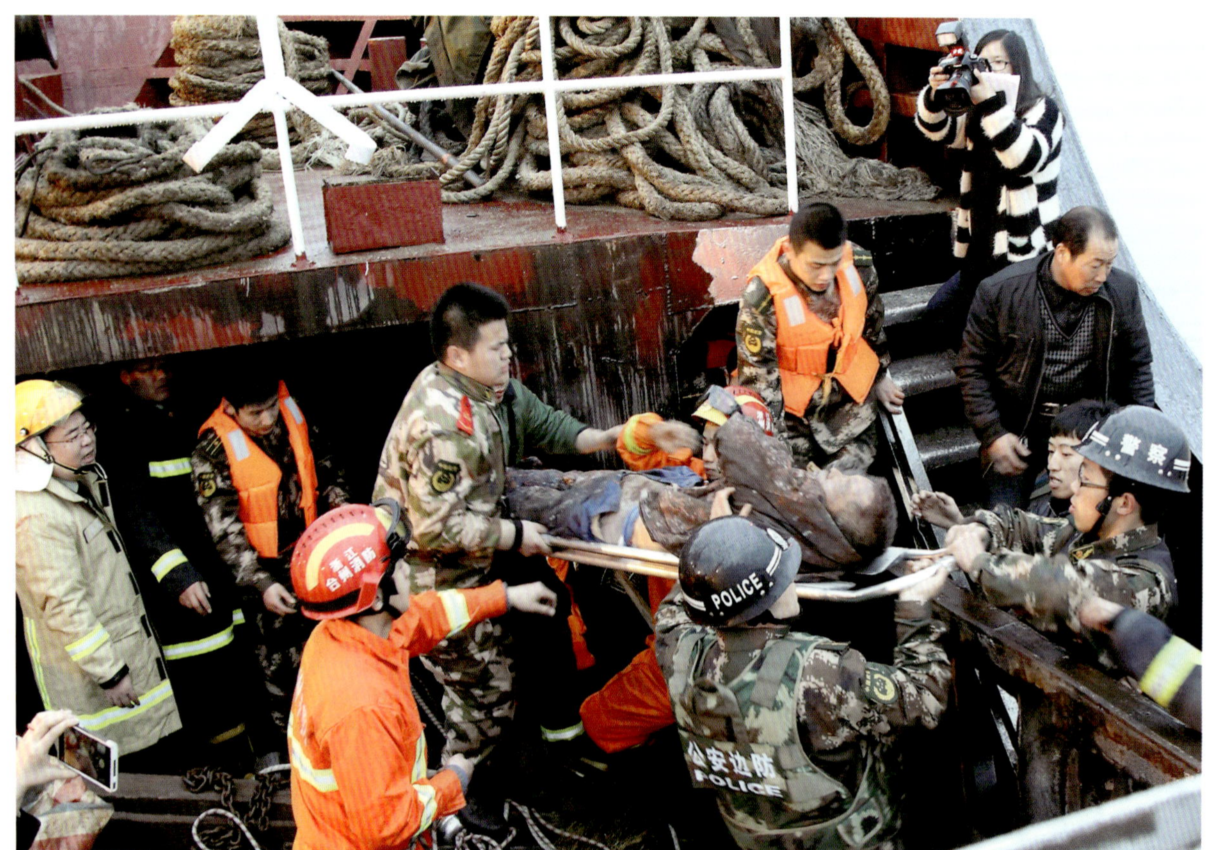

死里逃生/摄影：王蕴钢

2014年3月6日，浙江台州椒江锚地发生4名油漆工中毒困在舱底事件，经消防等有关部门的共同努力，全部脱险。

农家医院／摄影：苟寿成

重庆市璧山区

护鹤天使/摄影：陶 云 云南昭通大山包黑颈鹤国家自然保护区，天使一般的护鹤员日复一日地精心照料着这些小精灵。

二人世界/摄影：周思民 浙江新昌县一个制作豆腐皮的家庭小作坊。悬挂于竹杆上豆腐皮在窗外光线透射下，具有一种层次节律感，窗户上所贴的双喜窗纸，表明这对小夫妻新婚不久，二人不同的劳作姿势相辅相成；微微腾起的蒸气，烘托出一片浓郁的作业氛围，充满了一种神秘美感。

中国的摄影人／摄影：田玉林

内蒙古巴丹吉林沙漠

好球／摄影：方通泉

福建省第九届老年人体育健身大会在漳州举行，漳州市代表队在关键球时跳起击球命中红球，获得全场观众和运动员的叫好，为漳州市获得此项目比赛的金牌。

《小苹果》迎宾曲／摄影：刘卫革　2014年一曲《小苹果》一夜之间舞动大江南北，享有『国宾洞』之称的广西桂林市4A级芦笛景区，美丽的导游员们在国庆前后为游客表演，受到中外游客的赞扬。

佤族爸爸和他的女儿们／摄影：牛世云　云南西盟

纵歌都市／摄影：阚 蓉

传统春联受青睐／摄影：白永红

在中华民族传统节日春节期间，人们在门窗墙面柱廊上粘贴春联，已经是由来已久传统民俗。由于当今科技的发展，春联也多被以印刷形式出现在市场上，虽然如此，手写春联依然受到广大百姓青睐。

虎皮滩／摄影：高月敏

福建霞浦

休渔时节／摄影：肖若驹

福建平潭。休渔季节，渔民忙于修补渔网。

天堑通途／摄影：颜炳初

浙江省仙居县大神仙居风景区。

秋收／摄影：朱刚群

人勤春早／摄影：马东起

水彩漳村／摄影：贺秉理

江西婺源漳村

韵律/摄影：毛伟东

热身/摄影：郑丽华

渔/摄影：张国林

归途／摄影：高志平

山水泛舟／摄影：陈亚红

『普者黑』是彝语，意为『盛满鱼虾的池塘』。正值荷花盛放，泛舟在清澈得看得到湖底水草的湖面上，将湖光山色和奇洞怪石一并尽收眼底。

云雾春色／摄影：耿忠云

对话/摄影：李银和 新疆吉木乃

乡间春早/摄影：计宁海

台风“海鸥”重创海口/摄影：蒋聚荣

2014年9月16日上午，台风“海鸥”袭击海南，造成海口市部分地区海水倒灌，道路积水严重，海口瞬间变为水城。据悉，“海鸥”来时，天文大潮也正上涨，并接近高潮，产生了较大增水，两者相遇，产生超历史最高潮水位。此次台风，造成海南损失58亿。这些照片所记录的，只是风雨中的城市和城市里的凡人小事，但相信这会成为海南抗灾交响曲的一些音符。

浮桥上的新娘/摄影：周筱明 2014年9月中旬以来，重庆部分区域遭遇强降雨袭击，致使长江、嘉陵江水位暴涨，两江相继形成洪峰。重庆市防汛抗旱指挥部发布了暴雨洪水IV级预警信息，举行婚礼的新人只好通过临时浮桥才能到达原本紧靠岸边的船上餐厅。

交响乐进车间／摄影：程强华

夜市上的吆喝／摄影：高　山

放飞航程/摄影：徐　东

弄堂晴天/摄影：苏新民

晴天，居民相聚弄堂，家长里短，晒衣晒被，其乐融融。一些老上海人的生活习俗还在老城的弄堂里延续，似乎有穿越历史之感。

自拍/摄影：蒋晓黎　　几位游人在西安的钟楼下用手机玩自拍。

魅力银川/摄影：徐立刚

小小爱心伞/摄影：车　梅

父亲的小棉袄/摄影：杜　军　　2014年11月9日，重庆，喜宴，待嫁新娘满心欢喜，送嫁之父心事重重：20多年的“小棉袄”被人穿走了，悲喜交集。

民俗文化活动／摄影：张新泉

江苏沛县地区

别怕／摄影：高宪杰

公园里，一个小女孩正在喂食一只广场鸽。下垂的尾翼反映出鸽子的紧张心态，女孩的姿势恰恰说明她也怕吓着这只可爱的精灵。人与自然这样和谐的情景在这一瞬间被定格。

过马路／摄影：杨　松

时代的脚步／摄影：孙德俊

模特进工厂／摄影：徐峰

一根面／摄影：张国利

阅读时光/摄影：武　辉

幸福时刻/摄影：张　伟

冬季到哈尔滨来看雪/摄影：陶士华

在哈尔滨有百年历史的中央大街上的马迭尔宾馆前，一群来自南方的姑娘，看到雪花飞舞，异常兴奋，充满激情、充满青春活力地摆着姿势让伙伴留下这美好的一刻。

在哈尔滨充满巴洛克风格建筑的中央大街上，因为雪下得异常的大，一位拍照的姑娘干脆放下手中的伞，张开双臂迎接漫天飘舞的雪花，迎接即将到来的春天。

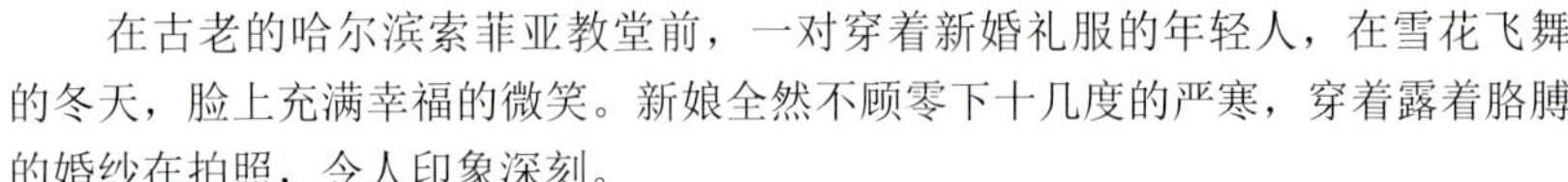

在古老的哈尔滨索菲亚教堂前，一对穿着新婚礼服的年轻人，在雪花飞舞的冬天，脸上充满幸福的微笑。新娘全然不顾零下十几度的严寒，穿着露着胳膊的婚纱在拍照，令人印象深刻。

春节刚过，飘飘洒洒的雪花在飞舞，几十米之外就看不清楚景色了，在哈尔滨百年老街上，两位年轻姑娘身着红色上衣冒雪前行，春天的脚步越来越近了。

震耳欲聋/摄影：田 勇

醉舞/摄影：顾兆明

少年强 中国强/摄影：李豫龙

四川省邛崃市文昌中学。正值学校召开全校运动会，同学们一边复习功课，一边等待参加各个项目的比赛。中国梦也是我们的少年梦。

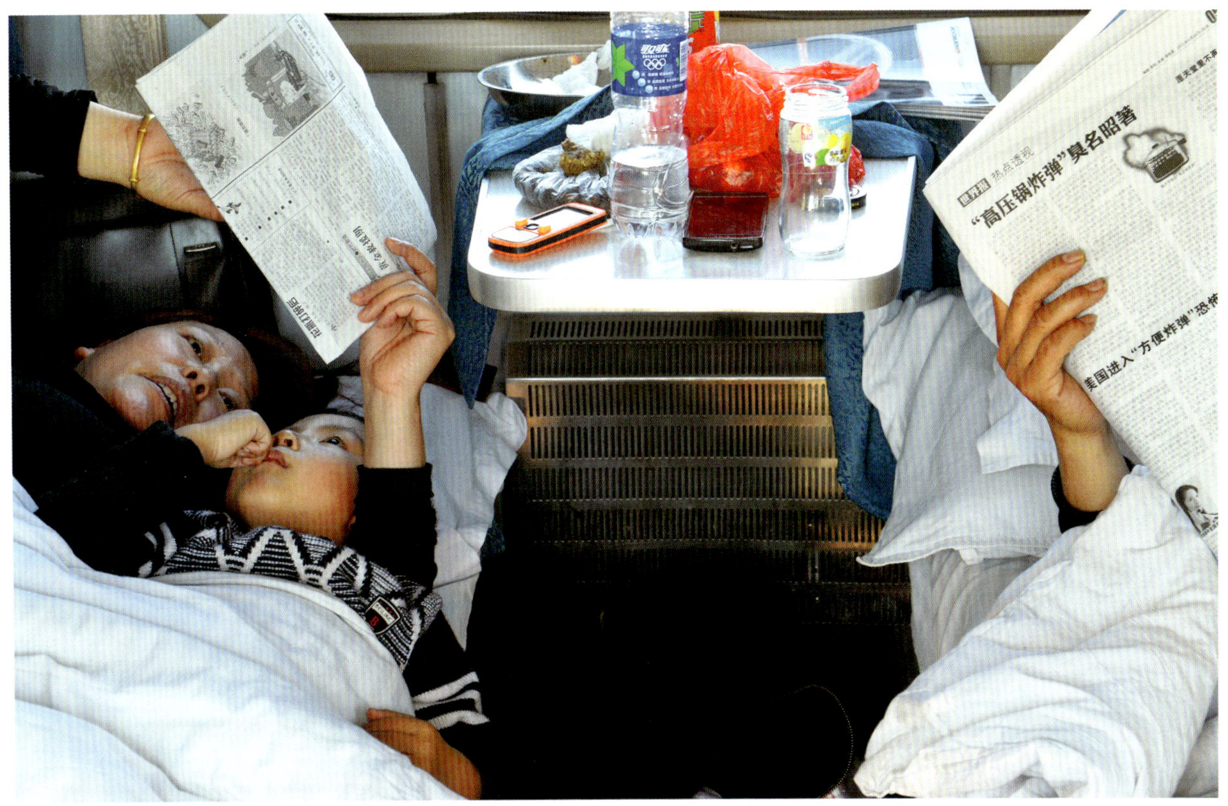

旅途／摄影：顾晓林

未来／摄影：侯京川

心系南航／摄影：张　翅

机务武术操／摄影：张晓野

我的梦想／摄影：阎健民

精采航展／摄影：刘千文

2014年珠海第十届航展，参展的飞机和表演技巧达历史最好水平，天上精采纷呈，地上目不暇接。

禅意/摄影：李京瑞

蒙蒙雨雾加上弥散的香火使空气的能见度很低，一只猫站在巨石上看着进香的人群，那份淡定从容呼应着旁边的僧人，真有一番禅意呢！

乱中不乱/摄影：封　建

五台山东台日出/摄影：樊晶璟

山中灵秀/摄影：杨伟光

闫维文的晋商情／摄影：李伟光

2014年，由晋能集团美伦韵文化公司、平遥煤化集团投资拍摄电影《风雨日昇昌》。在剧组拍摄间隙，为著名歌唱家闫维文创作的一组作品。

板爷/摄影：吴丹旻

这幅作品刻意采用对称构图。两棵大树下，6辆人力三轮车整齐地排放在恭王府外等待客人，6只方向一致的车轮颇有节奏感，与半只驶入画面的车轮形成对话；北京人尊称“板爷”的人力车夫们在打瞌睡，其中一个发现了摄影师，举起双手遮住脸，透过一动一静的人物形态打破构图的沉闷，从而带给读者无尽的趣味。

陶泥店的橱窗／摄影：吴丹旻

这幅作品巧妙地运用橱窗玻璃的反光，将对面的四合院墙收进画面，带给观者强烈的地域性和时空感。橱窗内整齐摆放的陶泥作品与橱窗外倾斜的鸟笼子形成有趣的对话；在整幅画面黑白调子中凸显圆形花盘浓烈的大红与精致，表现出中国元素的强大魅力。

无常/摄影：王肇航

融/摄影：于 峰

溪流/摄影：李建军

月牙泉/摄影：李孝萍 月牙泉是沙漠中的清泉，随着气候环境的变化，月牙越来越小。美女遥望远方若有所思，希望引起人们重视环保，保护好我们的遗产。

魅/摄影：孔祥明

国画大家宋雨桂/摄影：赵正辉

周萨神庙里的中国红／摄影：丁肇骏

柬埔寨吴哥遗迹中的周萨神庙是由中国援助修复的，维修费用1400万元，是中国首次在国外参与文物古迹修复工程。

中国红／摄影：夏　铨

中国几千年的文化传统，沉淀了大量的文化与视觉资源，中国人喜欢喜庆，成就了喜庆的中国红。

现场表情/摄影：贾峻峰

戏入人生/摄影：马　骐

布展人／摄影：冯其坤

观影展的人／摄影：付全智

《中国摄影艺术年鉴-2014卷》作者及作品索引（以汉语拼音为序）

图书在版编目（CIP）数据

中国摄影艺术年鉴. 2014 / 高健生主编. -- 北京 ：国际文化出版公司，2015.1

ISBN 978-7-5125-0759-3

Ⅰ. ①中… Ⅱ. ①高… Ⅲ. ①摄影艺术－中国－2014－年鉴 Ⅳ. ①J4-54

中国版本图书馆CIP数据核字(2015)第025310号

中国摄影艺术年鉴—2014卷

主　　编　高健生
责任编辑　杨　华
编　　辑：马红歌　于吉涛　王　波
　　　　　马贞阳　张　俊　张国进
出版发行　国际文化出版公司
经　　销　新华书店
编　　辑　《中国摄影艺术年鉴》编辑部
设　　计　北京金水太和文化有限公司
印　　刷　北京图文天地制版印刷有限公司
开　　本　889×1194　12开
　　　　　35印张
版　　次　2015年2月第1版
　　　　　2015年2月第1次印刷
书　　号　ISBN 978-7-5125-0759-3
定　　价　498.00元

国际文化出版公司
北京朝阳区东土城路乙9号　　邮编：100013
总编室：（010）64271551　　传真：（010）64271578
销售热线：（010）64271187　64279032
传真：（010）84257656
E-mail:icpc@95777.sina.net
http://www.sinoread.com

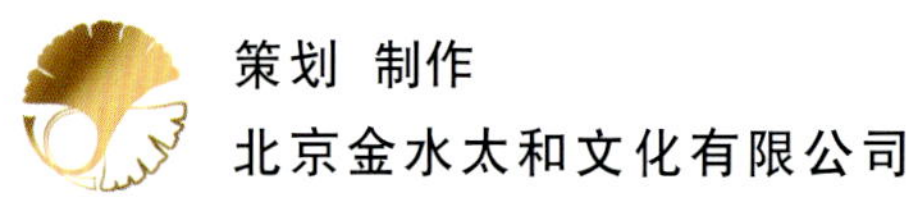